27

L n 15877.

NOTICE HISTORIQUE

sur

LE CHEVALIER NOIR.

MICHEL PATRAS DE CAMPAIGNO,

Dit le Chevalier Noir,

Sénéchal et Gouverneur du Boulonnais,
tué sur le pont de Cuverville en 1597.

NOTICE HISTORIQUE

SUR

MICHEL PATRAS DE CAMPAIGNO,

DIT

Le Chevalier Noir,

SÉNÉCHAL ET GOUVERNEUR DU BOULONNAIS,

LUE A LA SÉANCE PUBLIQUE DE LA SOCIÉTÉ D'AGRICULTURE, DU COMMERCE ET DES ARTS DE BOULOGNE-SUR-MER, LE 10 OCTOBRE 1825,

par M. Alex. Marmin,

l'un de ses Membres résidans.

BOULOGNE.

IMPRIMERIE DE LE ROY-BERGER, GRANDE RUE.

1826.

NOTICE HISTORIQUE

le Chevalier Noir.

L'ADMIRATION que nous inspirent les grands hommes est plus ou moins vive, suivant notre manière de sentir et de juger. Quand on aime la gloire, on se laisse facilement séduire par les prestiges qui l'environnent : les actions éclatantes frappent l'imagination trop vivement pour qu'on ne se passionne pas au récit des hauts-faits d'un Alexandre, d'un César envahissant les états, subjuguant les peuples et changeant la face du monde.

Mais la véritable gloire, celle qui a pour objets l'utile, l'honnête et le juste, est la seule qui puisse soutenir les regards de la vérité, c'est la seule qui soit durable; aussi les noms des Duguesclin, des Bayard, des Turenne, défendant leur patrie avec quelques milliers d'hommes, sont-ils inscrits au temple de mémoire. à bien plus juste titre que ceux de ces fiers dominateurs des nations.

Ces grands hommes néanmoins ne sont pas les seuls qu'ait produits notre France si fertile en héros : il en est beaucoup d'autres qui méritent comme eux d'être offerts aux regards de la postérité. Si nos histoires générales ne contiennent que des faits principaux où les noms de la plupart des grands acteurs sont à peine indiqués, les chroniques de nos provinces sont là pour y suppléer : ce sont de riches mines qui ne demandent qu'à être exploitées, et où chacun peut puiser suivant ses affections particulières.

Les annales Boulonnaises sont de ce nombre : on y trouve plus d'un trait d'héroïsme à citer, plus d'un nom célèbre qui mérite d'échapper à l'oubli. Notre pays a été souvent le théâtre des guerres civiles, et ces crises politiques, qui retrempent les âmes, produisent toujours de ces hommes extraordinaires qui commandent le respect et l'admiration.

Combien surtout ne sommes-nous pas frappés
de l'éclat des faits qui se rapportent aux tems de
la chevalerie ! avec quelle avidité ne recherchons-
nous pas les actions grandes et généreuses de ces
nobles preux, dignes soutiens des trônes, et
vaillans défenseurs de leur pays !

Le Chevalier Noir, qui occupe un rang si
distingué dans l'histoire de Boulogne, appartient
encore aux derniers tems de cette chevalerie si
célèbre. Il nous a toujours paru un de ces beaux
modèles qu'on peut offrir avec confiance à l'admiration publique.

Nous avons parcouru en vain toutes les bio-
graphies existantes pour y trouver le nom d'un
homme qui devrait y tenir une place distinguée :
il ne s'y trouve pas, et c'est une lacune qu'il faut
essayer de remplir pour la gloire de notre pays.
Si nous osons, consultant plutôt notre zèle que
nos forces, nous charger de ce soin, ce n'est
qu'après avoir consulté les documens les plus
authentiques, dont nous devons les principaux
à M. de Campaigno, ancien sénéchal du Boulonnais. Consigner ici l'expression de notre reconnaissance et de notre profonde vénération
pour ce digne héritier des vertus de son illustre
aïeul, est un devoir que nous nous empressons
d'abord de remplir.

La famille qui se glorifie d'avoir donné le jour au Chevalier Noir est une des plus anciennes de l'Europe : son berceau fut l'Italie, et on trouve dans l'histoire de ce pays que son origine se lie à celle des comtes de Carpégna. Un de ces comtes, à cause de sa mauvaise tête, reçut le surnom de *Malatesta*, et ce surnom a passé à la branche dont est issu le héros Boulonnais.

C'était un Malateste qui prit une part si active dans les démêlés des Guelfes et des Gibelins ; c'était un Malateste qui fut l'époux de cette infortunée Françoise de Rimini, dont le Dante a célébré la fin tragique en de si beaux vers.

Lorsqu'en 1205 Baudouin, comte de Flandre, entreprit la cinquième croisade, il s'embarqua à Venise, où une foule de chevaliers italiens, au nombre desquels on comptait encore un Malateste, accoururent se ranger sous ses drapeaux.

Constantinople prise, et Baudouin proclamé empereur d'Orient, toutes les provinces conquises furent partagées entre les principaux seigneurs qui l'avaient suivi. C'est le marquis de Montferrat qui, devenu roi de Thessalonique, s'empara de la Grèce, et donna la Morée à Geoffroi de Villehardouin, qui partagea également les terres et les villes de cette province entre les barons et les chevaliers qui l'accompagnaient. Il résulta de ce dernier partage que la partie de la Morée où est située la ville de Patras tomba dans la dépendance des seigneurs de Malateste, qui dès-lors en prirent le nom.

Mais la valeur qui donne les empires, ne suffit pas seule pour les conserver. La puissance des Latins, en Orient, s'écroula presqu'aussi promptement qu'elle s'y était élevée ; les empereurs grecs reprirent la plupart de leurs provinces ; les seigneurs de Malateste eurent beaucoup de peine à se maintenir dans leur souveraineté malgré les Paléologues, et finirent par la perdre sans retour lorsque Mahomet II, étendant ses conquêtes, vint planter le Croissant sur les ruines de l'empire d'Orient, et imposer aux malheureux grecs ce dur esclavage qu'ils cherchent à briser aujourd'hui.

Ce fut vers le milieu du 16ᵉ siècle que les seigneurs de Malateste quittèrent la Morée, n'emportant avec eux, de leur grandeur passée, que le surnom de Patras et le droit de porter une croix dans leurs armes. Ils étaient trois frères qui prirent le parti de venir se fixer en France, attirés par l'espoir d'y acquérir de la gloire dans les guerres dont ce pays était alors le théâtre.

Un seul vint à Paris offrir ses services à Charles VI, qui les accepta; et ce fut son petit-fils, devenu capitaine des gardes de Louis XII, qui prit pour la première fois le nom de Campaigno , d'une propriété acquise par contrat de mariage.

Il n'entre pas dans notre plan de donner en détail la filiation d'une famille dont la gloire consiste moins dans cette longue suite d'aïeux qu'il nous serait facile d'énumérer , ou dans les titres et parchemins honorifiques qu'elle possède, que dans le courage et les belles actions de la plupart de ses membres. Il en est peu qui peuvent comme elle présenter , dans une assez courte période, tant de magistrats distingués par leurs vertus , et surtout un aussi grand nombre d'officiers de mérite , la plupart d'un grade supérieur , servant successivement nos rois et méritant leur confiance particulière par leur fidélité et leur dévouement. Nous nous bornerons seulement à consigner ici les noms des braves de cette famille qui versèrent glorieusement leur sang pour leur pays.

Nous citerons d'abord un François de Campaigno qui fut tué dans les guerres d'Italie, sous François Ier.;

Notre Chevalier Noir, mourant glorieusement dans nos environs, sous le règne de Henri IV;

Un Bertrand-Georges de Campaigno, enseigne au régiment de Picardie tué en Lorraine, sous Louis XIV;

Un Pierre de Campaigno, lieutenant, tué au siége de Lérida, sous Condé, en 1647.

Un Antoine de Campaigno, capitaine au régiment de Picardie, qui périt dans l'expédition de Gigeri, sur les côtes d'Afrique, en 1664;

Un François de Campaigno, mort à la bataille de Nerwinde, sous Condé, en 1693;

Enfin, nous citerons encore un digne rejeton de tant de braves, dont le début, comme officier de cavalerie légère dans la dernière campagne d'Espagne, avait été si brillant, le jeune Campaigno, fils du colonel de ce nom, succombant à des blessures mortelles sous les lauriers qu'il venait de cueillir aux rives du Tage.

On nous pardonnera cette digression en faveur du sujet : nous revenons au Chevalier Noir.

Bernard Patras de Campaigno, qui se maria en 1554, eut six enfans, et Michel, qui était le cadet, dut voir le jour vers l'année 1556. Nos recherches pour nous assurer d'une date plus précise, ainsi que pour constater le lieu de sa naissance, ont été vaines : il faut même nous refuser au plaisir de le suivre dans ses premières années, et de lui voir faire l'apprentissage de toutes les vertus dont il allait bientôt donner de si beaux exemples. Tout ce que nous savons c'est que dans sa jeunesse on l'appelait *le Cadet noir*. Nous nous étions toujours figuré qu'il devait peut-être ce surnom à son teint brun ; mais dans son portrait peint à l'huile, que sa famille possède encore, Michel est blond : il faut donc que ce soit pour un autre motif qu'on l'ait appelé *le Cadet noir*. Quoiqu'il en soit, ce n'est guères que vers les premières années du règne de Henri III, c'est-à-dire vers 1577, qu'on voit le jeune Michel être connu personnellement de ce prince, et faire ses premières armes dans le Boulonnais. On le trouve déjà qualifié en cette année du titre de capitaine de la garnison de Calais, et peu de tems après de celui de commandant d'Étaples, ville alors importante à cause des troubles civils qui commençaient à désoler la France, et qui amenèrent les massacres de la St.-Barthélemy, auxquels Boulogne n'échappa que par l'énergie de M. de Caillac, son gouverneur.

Cependant Charles IX n'était plus, et Henri III cherchait en vain à renverser une faction que sa faiblesse avait rendue si puissante ; mais il était trop tard : l'esprit de la ligue avait pénétré jusque dans les chaumières, et notre malheureux pays se trouvait en proie à l'anarchie et aux désordres de toute espèce. Une partie de la noblesse Boulonnaise, méconnaissant l'autorité légitime, ouvrait ses châteaux aux soldats du duc de Guise, et exerçait une influence criminelle sur les habitans de nos campagnes, qu'elle associait à sa révolte. Boulogne, menacée de toutes parts, allait tomber entre les mains des ligueurs lorsque Dubernet fut envoyé pour en prendre le commandement.

Ce brave officier, qui n'avait ni argent ni soldats, qui trouvait en arrivant une population déchirée par l'esprit de parti, des fortifications en mauvais état, des arsenaux et des magasins sans approvisionnemens, parvint néanmoins à pourvoir à tout par son courage et sa fermeté.

Toutes les avenues de la ville étant au pouvoir des ligueurs, elle se trouvait bloquée par le fait : à la vérité, le brave Crillon, à la tête de son régiment des gardes, s'y était introduit ; mais obligé de reprendre le chemin de la capitale, il s'était borné à ruiner la plupart des châteaux et à punir quelques séditieux.

C'est au commencement du mois de mai 1588 que le duc d'Aumale, après avoir passé la Liane au Pont-de-Briques, parut sur les hauteurs

l'Outreau : les habitans de la basse-ville, d'in-
telligence avec ce prince, lui ouvrirent leurs
portes et lui facilitèrent les moyens de cerner la
place de tous côtés.

Dubernet, qui n'avait pu rassembler dans
toute la province que quatre compagnies de
troupes réglées, un corps de paysans réfugiés, et
un autre composé des bourgeois restés fidèles, se
hâta d'informer le roi de ce qui se passait, et,
en attendant l'arrivée des secours qu'il deman-
dait, il se renferma dans la haute-ville, en fit
réparer les fortifications, murer la porte des
Degrès, disposer du canon et des arquebuses à
crocs sur les remparts ; et, pour cacher la faiblesse de sa garnison, il ne trouva d'autre moyen
que de faire placer sur les murs une prodi-
gieuse quantité de chapeaux, qu'on avait soin
de remuer de tems en tems. Deux sorties furent
faites pour retarder les travaux des assiégeans,
et une canonnade meurtrière dirigée sur la basse-
ville, qu'occupaient les ligueurs, en détruisit
presque toutes les maisons, et punit les habitans
de leur félonie.

Cependant le roi ayant reçu la nouvelle de la
position critique de Dubernet, s'était empressé
de lui faire savoir qu'il avait ordonné au capitaine

Campaigno, son commandant à Étaples, de s'embarquer de suite avec le plus de monde qu'il pourrait rassembler, et d'aller à Calais pour tâcher de jeter quelques secours dans Boulogne. Le capitaine Valin, porteur des ordres du roi, s'était introduit dans la place par une ruse de guerre; il en sortit de même pour préparer les moyens d'y faire entrer un secours aussi nécessaire.

Campaigno, ayant fait ses dispositions, sortit de Calais le samedi 9 juillet, à l'entrée de la nuit, et parut le lendemain, sur les trois heures du matin, près de la ferme de Beaurepaire, avec les 300 hommes d'élite qu'il commandait. Il tua la sentinelle de ce poste et ayant culbuté la grand'garde, il passa sur le corps à la ligne ennemie et marcha droit à la porte du Château. Le gouverneur, averti de son arrivée par les signaux convenus, avait pris à l'avance toutes ses mesures et l'attendait à cette porte avec la majeure partie de sa petite garnison. Profitant alors de la confusion qu'une attaque aussi imprévue venait de mettre dans les camps des assiégeans, Campaigno se met à la tête de cette poignée de braves et s'élance avec impétuosité dans leurs tranchées, où il renverse tout ce qui ose lui faire face. L'ennemi appelle en vain sa cavalerie à son secours : le bruit des armes épouvante les chevaux, la plupart levés dans le pays et encore peu aguerris. Le feu des remparts dirigé à-propos contre elle suffit pour entraver sa marche; et, l'infanterie abandonnée à elle-même, ne tarde pas à lâcher pied et à s'enfuir dans toutes les directions.

Campaigno, après lui avoir tué plus de 200 hommes, dont plusieurs officiers de distinction, entr'autres un enseigne du duc d'Aumale, comble à la hâte une partie des tranchées, et rentre en vainqueur dans la place aux acclamations des habitans qui avaient été témoins de sa valeur.

Cette action sauva la ville et parut assez éclatante pour valoir à Campaigno l'honneur d'être armé chevalier, ainsi qu'il était encore d'usage alors. Nous remarquerons en passant que c'est effectivement à compter de cette époque que nos manuscrits l'appellent le CHEVALIER NOIR, d'où nous inférons que le surnom trivial qu'il portait dans sa jeunesse fit alors place à ce nouveau titre, et que la qualification de CHEVALIER NOIR provient pour lui de cette substitution de nom, et non pas, comme on pourrait le supposer, d'avoir porté des armes noires.

Les ligueurs, qui comptaient peut-être plus sur les intelligences qu'ils avaient dans Boulogne que sur leur courage, se décidèrent donc à en lever le siége ; mais n'ayant pu vaincre Dubernet, ils cherchèrent à le faire assassiner. Un complot habilement combiné, dans lequel on vit le fanatisme, l'ambition et l'amour se disputer leur victime, conduisit sur l'échafaud le jeune de Senlis, officier qui donnait les plus belles espérances, et qui fut décapité sur la place d'armes, après avoir servi d'instrument pour faire tomber ses complices dans leur propre piège.

Les biens des traîtres furent confisqués, et le roi, pour récompenser la fidélité et le courage de Campaigno, lui donna en propriété le château d'Aubengue, près de Wimille, qui avait appartenu à l'un d'eux.

Après l'assassinat de Henri III, la ville de Boulogne fut une des premières de France à reconnaître l'autorité de Henri IV, à qui elle envoya des députés. Ce prince leur en témoigna sa reconnaissance, ainsi qu'à Dubernet ; mais il ne put lui envoyer d'autres secours que les pouvoirs nécessaires pour lever de l'argent.

Dubernet, abandonné à lui-même, employa une partie de cet argent à augmenter ses forces d'un corps suisse et de quelque cavalerie, dont il avait besoin pour battre les environs et approvisionner la place. Il consacra l'autre à diminuer le nombre de ses ennemis par des largesses faites à-propos. C'était Campaigno qui, d'après les ordres du gouverneur, parcourait le Boulonnais, à la tête d'un fort parti de cavalerie, combattant et négociant tout-à-la-fois avec cette foule de petits seigneurs qui, dans ces tems calamiteux, étaient devenus des puissances, quoique n'ayant souvent pour toute force qu'une douzaine d'hommes retranchés dans un donjon ou dans un clocher, et pour toute ressource que le pillage et la dévastation. Il acquittait les dettes de la noblesse égarée et la ramenait sous les drapeaux du roi ; il indemnisait le propriétaire et l'artisan de leurs pertes, et aidait le paysan à relever sa cabane abattue. Sa générosité, sa bravoure, son caractère franc et loyal, et jusqu'à sa bonne mine, tout concourait à appaiser les haines et les divisions dont notre pays était depuis si long-tems le théâtre.

Mais les ligueurs, toujours maîtres de Montreuil et d'Étaples, mettaient des obstacles presqu'insurmontables à la pacification de cette partie de la province. Dubernet se décida à leur enlever cette dernière ville. Il fit en secret les dispositions nécessaires pour cette expédition, qui eut lieu dans les premiers jours de janvier 1591. Campaigno l'accompagna comme son lieutenant avec la majeure partie de la noblesse, et à-peu-près 1200 hommes de troupes choisies. Il se dirigea par Hardelot, dont la soumission d'un sieur de Bédouâtre lui avait ouvert les portes l'année précédente, et ne tarda pas à s'emparer de la ville, que la garnison abandonna pour se réfugier dans le château, défendu par un fossé profond rempli d'eau. C'est en vain que Dubernet essaie de parlementer : son envoyé est assommé presque sous ses yeux par ces bandits. Pénétré alors d'une juste indignation, il range sa petite armée en bataille, en détache une partie sur l'endroit qui lui paraît le plus faible, et s'avance avec l'autre vers la porte principale dans l'intention de la forcer. Il était parvenu jusqu'au premier pont-levis, dont le brave Calouin, surnommé le robuste, avait déjà rompu les chaînes, lorsqu'un coup de mousquet, tiré d'en haut, l'atteignit à la poitrine et le renversa sans vie.

Ce malheur inattendu mit le désordre parmi les assiégeans. Campaigno courait de rang en rang et s'efforçait de rallier les soldats ; il les conjurait de profiter de leurs premiers succès pour venger la mort de leur commandant; mais ses soins furent inutiles : tout ce qu'il put obtenir d'eux fût de faire assez bonne contenance pour empêcher les assiégés de troubler leur retraite. Puis ayant réussi à s'emparer du corps de Dubernet, malgré le feu très-vif que les rebelles faisaient pour s'y opposer, il le fit placer sur un brancard et le ramena à Boulogne, à la tête de ses compagnons d'armes désolés.

À la nouvelle de la mort de Dubernet, le duc d'Epernon, gouverneur du pays, s'était hâté d'accourir à Boulogne. Il félicita Campaigno sur sa belle conduite en cette occasion, le nomma lieutenant du sieur de Rouillac, qu'il amenait avec lui pour prendre le commandement de la place, et lui donna 3o chevau-légers pour sa garde.

C'est au commencement de l'année 1595 que la guerre fût déclarée à l'Espagne. Albert d'Autriche, gouverneur de la Flandre, ayant résolu d'assiéger Calais, chercha à donner le change au roi de France, occupé alors au siége de la Fère, en poussant quelques détachemens sur Montreuil, tandis qu'avec le gros de son armée il se dirigeait par la route de St. -Omer, paraissait à la vue de Calais et investissait cette place de la manière la plus complète.

Henri IV, bien convaincu que c'était à Calais que les espagnols en voulaient, était accouru à St.-Valery pour s'y embarquer et y conduire par mer un corps de troupes à son secours. Des tempêtes continuelles s'opposèrent à l'exécution de ses desseins; et la ville, ainsi attaquée à l'improviste, fut obligée de se rendre. Bidossan, qui en était le gouverneur, se retira dans la citadelle avec sa faible garnison.

Le roi s'étant rendu à Boulogne, chercha à retarder, s'il était possible, la reddition de la citadelle par un de ces coups-de-main qui demandent pour réussir un homme de cœur et de tête : ce fut à Campaigno qu'il confia cette périlleuse commission, et à qui il permit de choisir les braves qui devaient l'accompagner. Campaigno n'en voulut que 250, tous gens d'élite, la plupart gentilshommes et d'un courage éprouvé. Il se mit en marche à la chûte du jour avec ce détachement, accompagné du duc de Bouillon, qui l'escorta avec 200 chevaux jusqu'aux approches de Calais. Une nuit fort obscure, et la parfaite connaissance qu'il avait des lieux et des positions de l'ennemi, lui permirent d'exécuter heureusement cette partie de sa mission. Ses hommes se glissèrent en silence entre la tour du Risban et la ville ; ils passèrent le canal à marée basse et s'introduisirent sans obstacle dans la citadelle.

Quoiqu'Albert fut informé de l'entrée de ce secours, il n'en prit pas moins la résolution de risquer un assaut. A la vue des préparatifs que faisaient les assiégeans, Campaigno représenta au gouverneur Bidossan et à la garnison qu'il y allait de l'honneur de la France de défendre jusqu'à la dernière extrémité une place de cette importance ; que le roi avait les yeux sur elle ; qu'il se disposait à la secourir, et qu'il s'attendait à ce que chacun ferait son devoir.

Sur les quatre bastions qui flanquaient la citadelle, il y en avait un plus faible que les autres. Les espagnols, après l'avoir presqu'entièrement ruiné par leur canon, l'attaquèrent avec vigueur ; mais ils furent repoussés à deux reprises différentes, avec une grande perte : Bidossan y perdit la vie sur la brèche, et expia par une mort glorieuse son manque de prévoyance et d'habileté. Le commandement était dévolu à Campaigno ; il le prit aussitôt et s'empressa de rassurer les soldats déjà effrayés par la perte du gouverneur. Il lui fallut également faire taire les clameurs des habitans et des femmes réfugiés dans la citadelle après la prise de la ville, et s'apprêter à la hâte à soutenir un nouvel assaut. Le courage dut alors suppléer au nombre dans cette attaque, qui fut beaucoup plus vive que les deux autres ; car, tandis que les rangs des assiégeans se renouvelaient constamment de troupes fraîches, ceux des assiégés s'éclaircissaient de plus en plus. La brèche couverte de leurs morts et de leurs mourans n'était plus défendue que par une poignée de gens épuisés de fatigue. Enfin, après avoir fait tout ce qu'on pouvait attendre du chef le plus intrépide et le plus expérimenté, Campaigno resté presque seul, fut fait prisonnier sur la brèche même, avec un colonel hollandais, son lieutenant, et 17 hommes ; tout le reste, dont une partie avait essayé de se réfugier dans l'église, fut passé au fil de l'épée, ou périt en essayant d'escalader les remparts.

Un historien prétend que les vainqueurs laissèrent la vie à Campaigno parce qu'ils furent pénétrés d'admiration en voyant le courage héroïque qu'il montra en cette occasion. Nous sommes plutôt portés à croire que l'espoir d'en obtenir une forte rançon fut le seul motif qui les détermina à l'épargner ; en effet, Campaigno dont la captivité ne fut pas longue, se trouva

dans la nécessité de sacrifier une partie de sa
fortune pour acquitter le prix élevé qu'ils mirent
à sa liberté : il le fit sans regret et afin de pouvoir
reprendre plus vîte des fonctions qui allaient lui
donner de nouveau l'occasion de prouver son
dévouement au roi. Ce fut à cette époque que ce
prince, pour récompenser son noble désinté-
ressement et son attachement à sa personne, le
nomma sénéchal et gouverneur de Boulogne, et
lui donna le commandement de 50 hommes
d'armes.

L'homme d'armes, comme on le sait, était
un gentilhomme qui combattait à cheval, armé
de toutes pièces, toujours accompagné de 7 à 8
autres cavaliers, archers, coutilliers, ou écuyers,
ce qu'on appelait alors la lance fournie. Ainsi,
50 hommes d'armes formaient un corps d'à-peu-
près quatre cents hommes de cavalerie. Ce commandement était considéré comme un des plus
honorables qu'on pût obtenir.

Campaigno était à peine installé dans ses nou-
velles charges, qu'il lui fallut reprendre les armes
pour défendre le Boulonnais, qui se trouvait à
découvert depuis la prise de Calais et d'Ardres,
et que ravageaient des partis d'espagnols, qui,
quoique souvent défaits, ne laissaient pas de se

multiplier par l'appât du butin et de devenir de plus en plus audacieux, au point qu'un corps de 6oo chevaux étant sorti de St.-Omer s'avança jusqu'à la vue de Boulogne.

Campaigno ne put résister au désir de venger lui-même cette espèce d'insulte. Il ramasse à la hâte tout ce qu'il peut trouver de gens de guerre sous sa main, sort par la porte Flamengue et se met à leur poursuite. Il ne tarde pas à les atteindre sur la route d'Ardres, au moment où ils prenaient position derrière le Wimereux. C'est alors que n'écoutant que son courage, il s'élance à la tête des siens sur le pont de Cuverville, et y reçoit dans la tête un coup de lance qui le renverse blessé mortellement : on le transporta au Luquet, où il expira peu de tems après. Son corps fut apporté à Boulogne et enterré dans le chœur de la cathédrale avec tous les honneurs dus à son rang.

Ainsi périt, à la fleur de son âge, le CHEVALIER NOIR, le digne émule de Bayard, qui fut toujours comme lui sans peur et sans reproche : il ne lui a manqué, pour jouir de la même célébrité, qu'un plus grand théâtre, de plus grands acteurs, ou une carrière plus longue.

Les lieux témoins de ce déplorable événement

ne sont pas éloignés de Boulogne : nous avons été curieux de les visiter.

Cuverville est un hameau situé sur la rive gauche du Wimereux, un peu plus haut que le moulin Grisendal. Le vallon fertile où cette rivière coule ses eaux est traversé par un chemin vicinal, autrefois l'une des grandes routes de Flandre, auquel aboutit un petit pont étroit, en vieille maçonnerie réparée, qui semble appartenir à la ferme du Luquet, située en face, sur la rive opposée, et à laquelle il conduit.

En examinant ce beau paysage, autrefois si couvert de bois, nous nous représentions cette légion d'hommes d'armes, tous montés sur des chevaux de prix richement caparaçonnés, et suivis de leurs archers et coutilliers, s'avançant à travers le hameau de Cuverville. Il nous semblait voir ces guérriers, la tête couverte de leurs casques qu'ombrageaient des panaches de diverses couleurs, le corps revêtu de leurs armures d'un acier poli, sur lesquelles le soleil reflétait ses rayons, en relevant la blancheur éclatante de leurs longues écharpes ; la lance en arrêt, la visière baissée, descendre au grand trot le chemin qui sillonne la montagne, et voler à la victoire au bruit des clairons et des trompettes. Mais comment traverser ce pont, occupé par l'ennemi et qu'il s'apprête à défendre? Qui osera franchir cet espace étroit où il faut qu'un seul se dévoue pour procurer la victoire aux autres? Honneur au plus brave! Honneur au héros Boulonnais! c'est lui qui, s'élançant le premier, reçoit à l'instant une atteinte mortelle : il tombe et son sang généreux rougit bientôt ces pierres que nous foulons aux pieds aujourd'hui.

Mais avant que ses yeux se ferment pour toujours à la lumière, ils sont encore les témoins de la valeur de ses compagnons d'armes qu'anime la soif de la vengeance : ils voient fuir l'Espagnol téméraire qui a osé souiller le sol Boulonnais.

Cependant ses serviteurs fidèles l'ont débarrassé de son cheval abattu. Ils lui ont fait un brancard avec les débris des lances rompues; ils le transportent au Luquet. C'est là qu'après lui avoir ôté son casque, ils peuvent juger, à sa pâleur mortelle et à la grandeur de sa blessure, du malheur qu'il leur faudra bientôt déplorer. C'est en vain que les hommes de l'art sont appelés; c'est en vain que ses compagnons d'armes, revenus victorieux, déposent à ses pieds les lauriers qu'ils viennent de cueillir, l'illustre guerrier peut à peine les entendre : ses dernières paroles sont encore pour son pays, pour son roi; et bientôt, fermant pour jamais la paupière, il expire entre leurs bras.

La stupeur succède alors aux cris de la victoire. Cette phalange belliqueuse reprend tristement la route qu'elle parcourait naguères avec tant d'ardeur : ses armes sont baissées en signe de deuil; elle accompagne en silence les restes inanimés de celui qui leur montrait toujours le chemin de l'honneur; et elle vient les déposer religieusement dans le sanctuaire où ses vertus avaient d'avance marqué sa place.

C'est ainsi que notre imagination nous peignait successivement toutes ces scènes; et nous nous disions : si la tourmente révolutionnaire, qui a tant détruit de monumens dans notre pays, nous prive de la consolation de pouvoir contempler le lieu où reposaient les cendres d'un homme dont le souvenir nous sera toujours cher, pourquoi ne chercherions-nous pas à diminuer nos regrets en élevant, à la place où il mourut si glorieusement, un simple cénotaphe qui perpétuerait la mémoire de son courage et de son dévouement.

Qu'il serait bien placé, ce cénotaphe, dans un espace circulaire formé par un groupe d'arbres que la nature semble avoir disposés exprès à l'entrée du pont, pour le recevoir et lui servir d'ornement !

Puissent nos vœux à cet égard se réaliser ! et, si ce petit monument, que la gloire Boulonnaise réclame, s'élevait en ce lieu, soit qu'on le dût à la reconnaissance publique, soit aux soins pieux des descendans du Chevalier Noir, qu'il nous soit permis de proposer pour une des inscriptions qui devront en décorer une des faces, ces vers de M. Soumet :

A la patrie en pleurs les Français chargés
Vont raconter sa mort, digne de ses vertus ;
Et la chevalerie, inclinant sa bannière
Pose sur *son* cercueil sa couronne dernière.

www.ingramcontent.com/pod-product-compliance
Lightning Source LLC
Chambersburg PA
CBHW061125050726

47594CB00005B/2105